CUADERNO DE ACTIVIDADES MUSICALES

SEGUNDO CURSO DE PRIMARIA

Este cuaderno pertenece al niño/a ____________________

del colegio ____________________

de la localidad de ____________________

Curso ____________________

Mi profesor/a se llama ____________________

Mi instrumento preferido es ____________________

Mi compositor preferido es ____________________

ALHAMBRA LONGMAN

Autora:
María Pilar Pascual Mejía

Equipo editorial:
Concha Ordóñez, Coordinadora
Jacinto Antolín

Producción:
José Antonio Clares

Diseño:
Mario Guindel

Ilustraciones:
Sonia Alins Miguel

ISBN: 84-205-2778-5

Depósito legal: M. 9.586-1999

Impreso en España - Printed in Spain

Gráficas Rógar, S. A. - Pol. Ind. Alparrache - Navalcarnero (Madrid)

Introducción

Estimada profesora, estimado profesor:

Este Cuaderno de actividades musicales es un complemento al Libro del Alumno y persigue la consecución de los objetivos de cada unidad formulados en la Guía Didáctica, por lo que las actividades se corresponden exactamente con las respectivas del Libro del Alumno.

Si bien tu criterio es el más importante a la hora de utilizar este material, en la Guía Didáctica se sugiere en qué momento del desarrollo de la unidad debe realizarse cada una de las actividades. No obstante, los dibujos, pautas, pasatiempos, juegos, dictados y ejercicios que se incluyen parten de una metodología que favorece la interiorización de las experiencias musicales vividas en el aula, por lo cual este Cuaderno no debe utilizarse «antes que» ni «en vez de» las sesiones de clase. Para obtener una mejor retroalimentación en el aprendizaje, la corrección debe ser inmediata a la realización del ejercicio.

El Cuaderno de actividades musicales contiene juegos de exploración, discriminación y clasificación de diferentes timbres, intensidades, alturas, duraciones y ritmos de diversos entornos sonoros; actividades que relacionan música y palabra (ritmo, entonación, acentuación, expresión), con especial atención a las onomatopeyas denominadas «las palabras de los sonidos», de distintos ámbitos (el cuerpo, la casa, el colegio, las estaciones, los animales, etcétera). Hay también propuestas que favorecen el conocimiento de todos los instrumentos escolares y de algunos de la orquesta, así como actividades que desarrollan la imaginación, la escucha atenta y la audición activa de los fragmentos musicales propuestos. Además de experiencias con la grafía musical no convencional, se introducen ejercicios para la lectura y escritura de la grafía convencional de notas, pentagramas, clave, figuras, etc., y sencillos dictados musicales rítmicos y melódicos.

Lejos del planteamiento del tradicional cuaderno de ejercicios, el que aquí te presentamos trabaja el aprendizaje musical desde un punto de vista lúdico y favorecedor de la creatividad del niño y la niña.

La autora

Observa el dibujo y colorea todo aquello que pueda producir sonidos

Escucha y colorea los dos sonidos corporales que suenan cada vez

Escucha y señala con un aspa según sea el sonido

corto 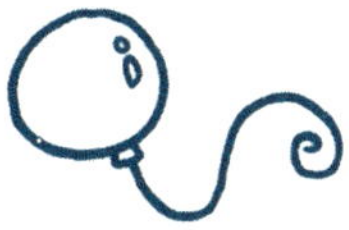 o largo. 

	1	2	3	4	5	6	7	8

Escribe un nombre que te suene igual

Sol	....	Miguel	....	Carmen	....	Manolo	....

Escucha la música y baila con tu lápiz por el papel, deprisa o despacio

Un día lleno de sonidos

Observa las ilustraciones y colorea de rojo las que pertenezcan al ámbito de la casa; de azul, las de la ciudad; de verde, los sonidos producidos por el cuerpo, y de amarillo los que no pertenezcan al cuento

Las palabras de los sonidos

PLAF TAC YUMMMM CLIC TOC Sssss

BURRUM AG BUA RING NIUUU

Colorea la serie sonora que suena cada vez

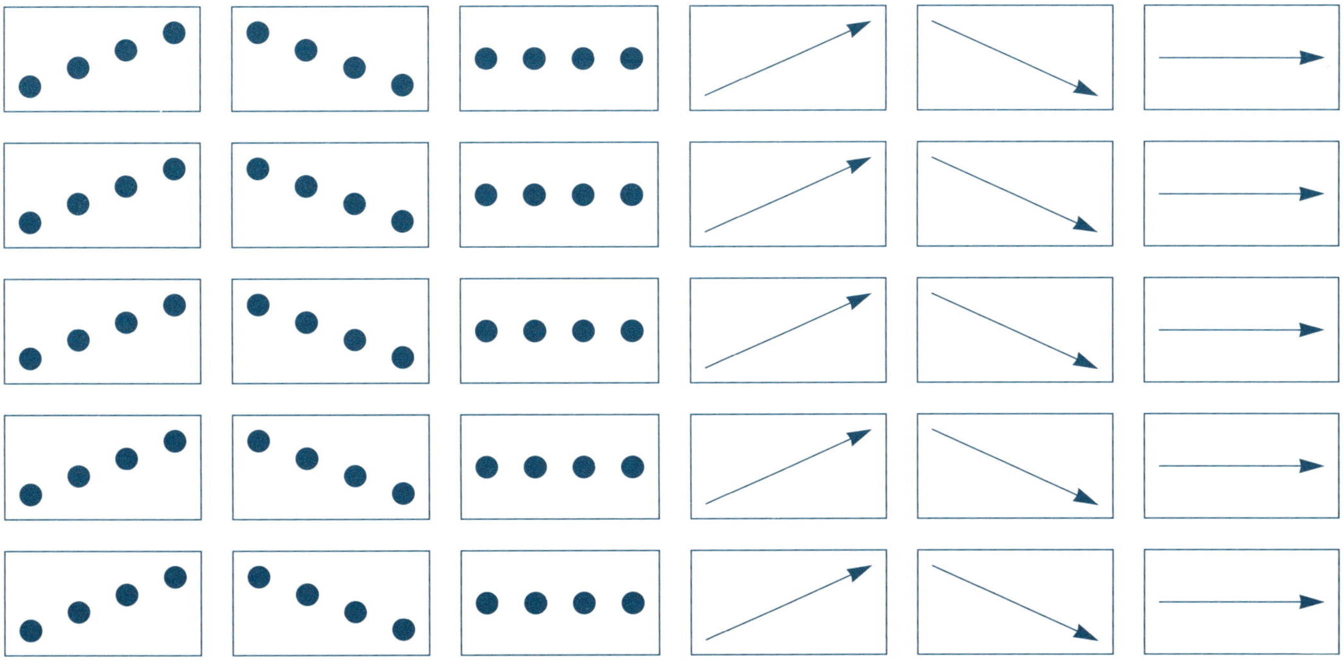

Toca estos ritmos y luego escribe el eco

Escucha y baila sobre el papel la *Danza rusa*

La fiesta de la música

Obserwa estos sonidos y:

escribe F debajo de los fuertes y D debajo de los débiles; colorea de gris los desagradables y de verde los agradables.

¿Quién hace música?

Escucha y colorea la escena correspondiente.

Escucha sonidos fuertes y débiles y dibuja

Fuertes

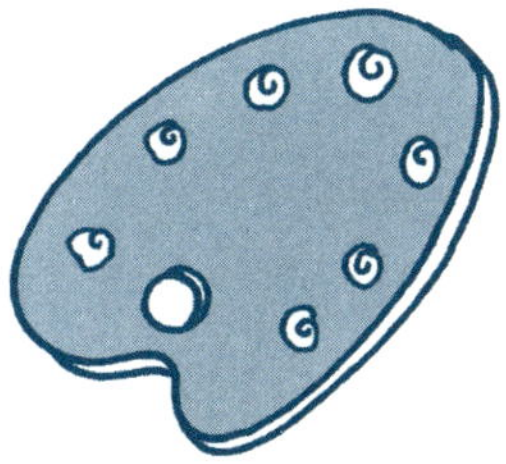

Débiles

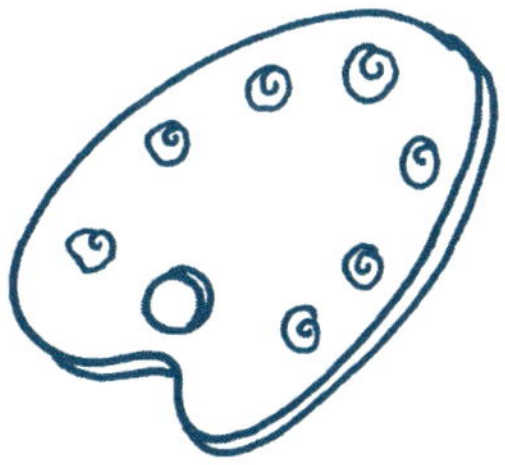

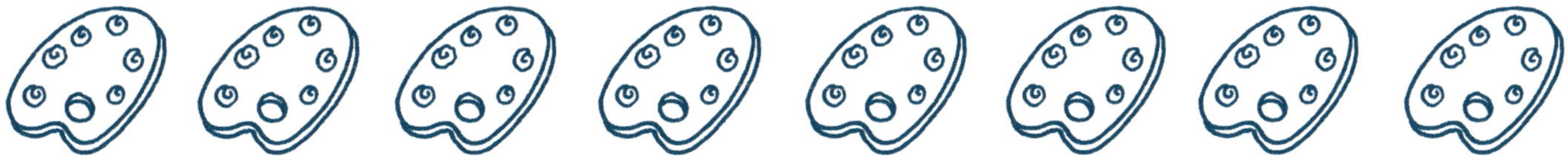

Recorre la clase, busca 10 sonidos de distintas intensidades, y clasifícalos en fuertes, medios y débiles

Fuerte: ....

Medio: ....

Débil: ....

Escribe el nombre debajo de los instrumentos y coloréalos

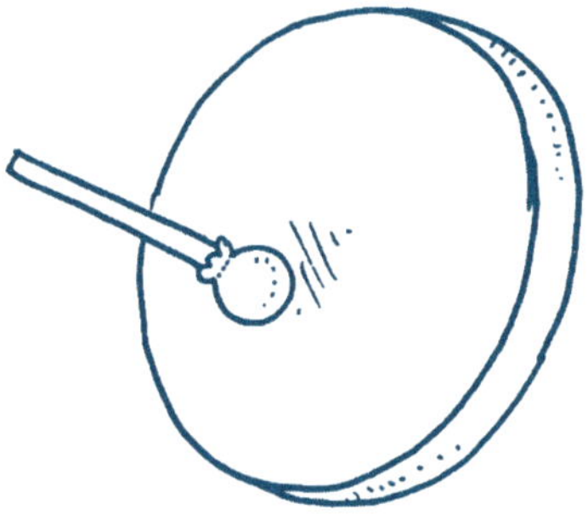

P.....................

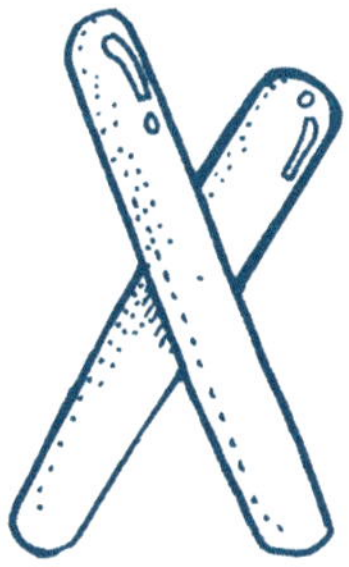

C.....................

P.....................

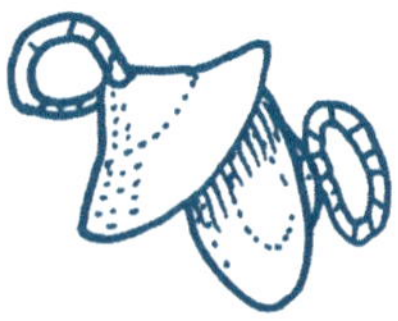

C.....................

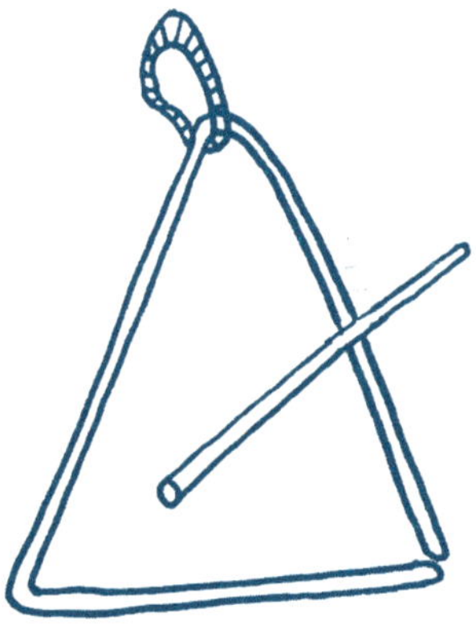

T.....................

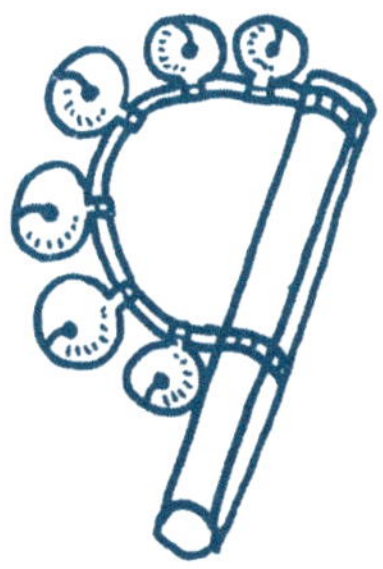

C.....................

Celebramos la Navidad

Colorea estos instrumentos de percusión. ¿Sabes cómo se llaman? Escribe el nombre. ¿De qué material están hechos?

madera

metal

parche

¿Qué instrumento escuchas? Dibújalo

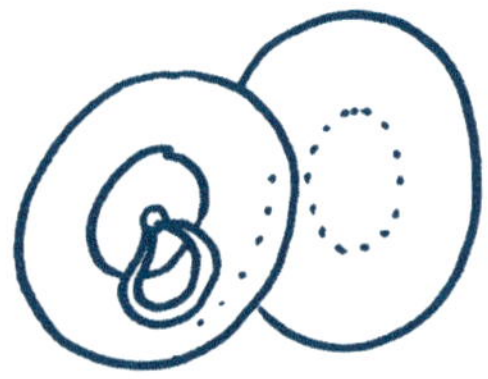

Ahora sonarán tres. Escucha, memoriza y dibuja.

¿Qué ritmo suena? Colorea la casilla que escuches.

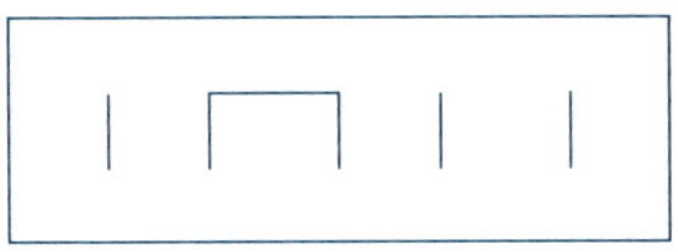

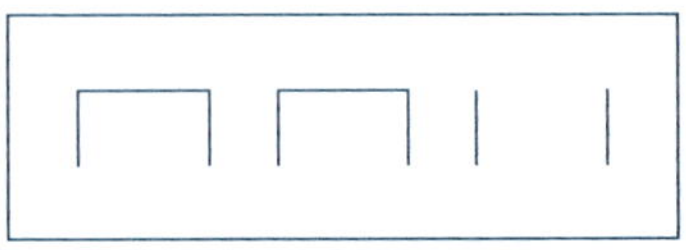

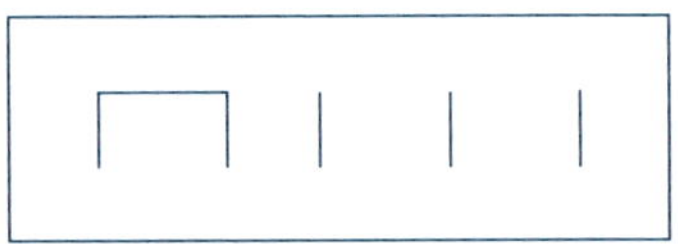

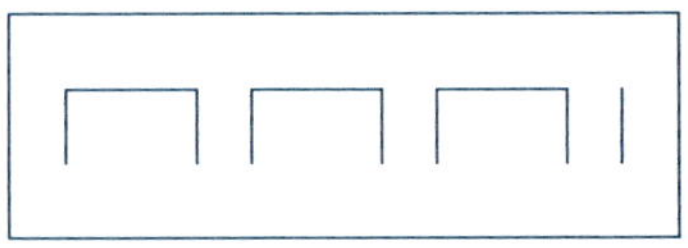

Rodea con la misma línea las palabras que suenan igual

naranjas hojas flor Belén

radiador nacimiento

miel harina higos tortas portal

Navidad flor nueces guindas castañas

ramo sol invierno vacaciones

Averigua la palabra que suena y dibuja la línea melódica

Na vi dad

frí o

in vier no

fies ta

Escucha esta bonita música de guitarra y responde

¿A qué escena crees que pertenece? Coloréala como quieras.

¿Cuál es su velocidad?

¿Cómo es la intensidad?

fuerte normal floja

G.....................................

Somos amigos

Aprende a dibujar la clave de sol siguiendo con tu lápiz la línea punteada

La clave de sol es un caracol...

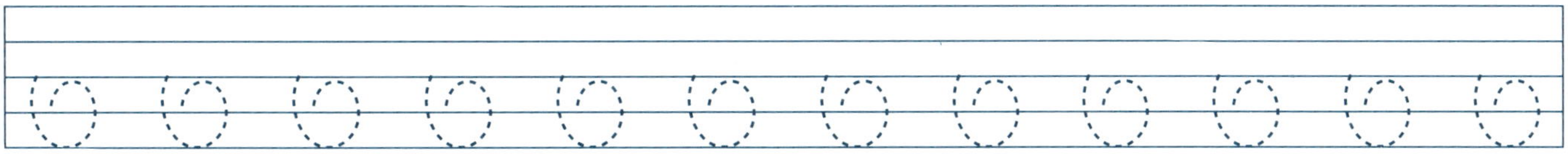

... que sube hasta el cielo...

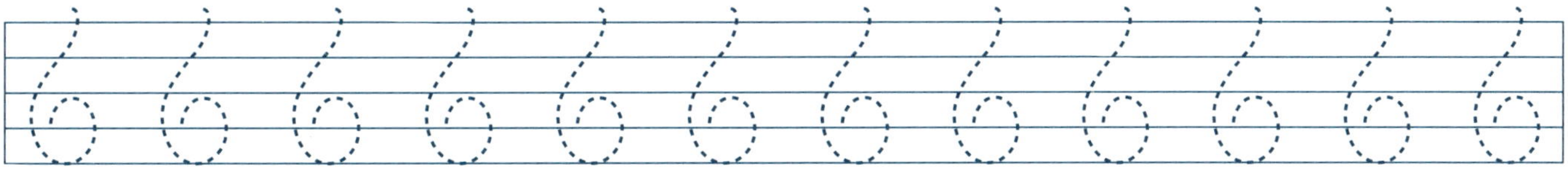

... y baja en ascensor.

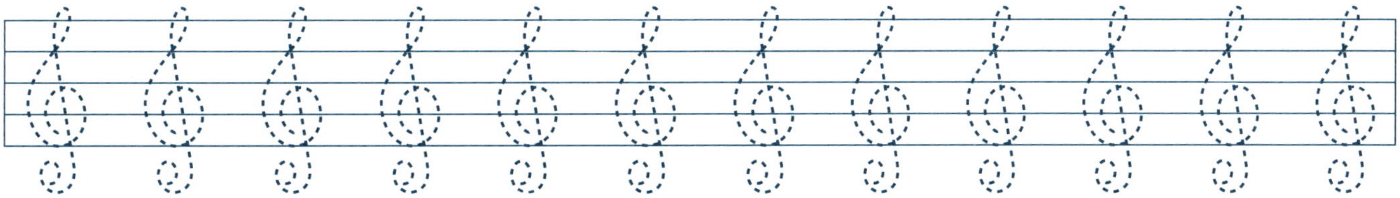

Observa este pentagrama y colorea de verde los sonidos que encuentres sobre las líneas y de amarillo los que estén en los espacios

Dibuja sonidos entre las líneas.

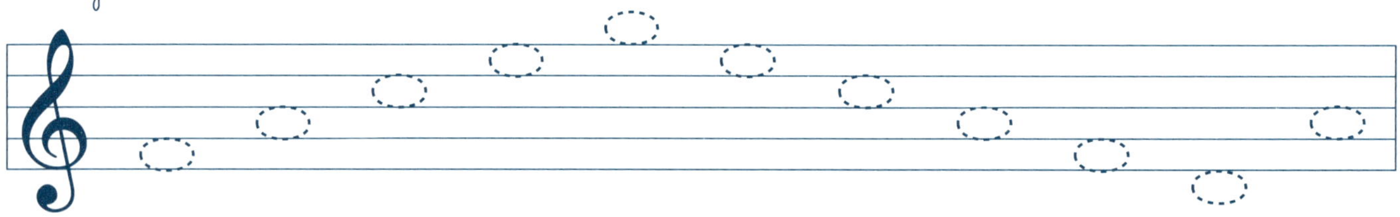

Dibuja sonidos sobre las líneas.

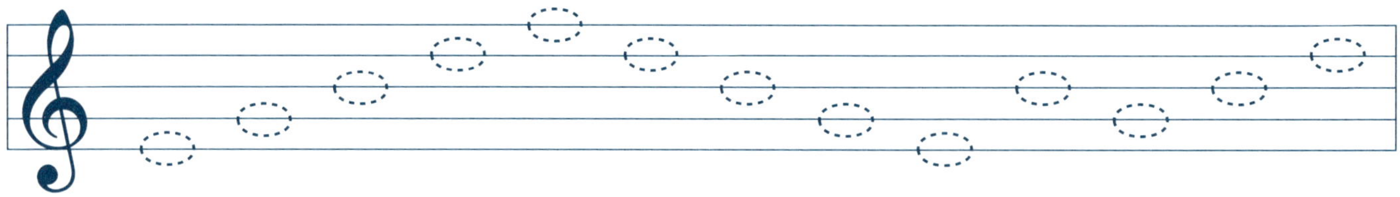

Dibuja sonidos entre las líneas y sobre las líneas.

Aprendo a dibujar las figuras y los silencios siguiendo la línea punteada

Blanca

Negra

Corcheas

Dibuja la figura de cada vagón del tren

Escribe en el recuadro la figura que escuches cada vez

¿Qué vagón suena? Coloréalo cuando lo escuches

Dibuja la línea melódica que escuches

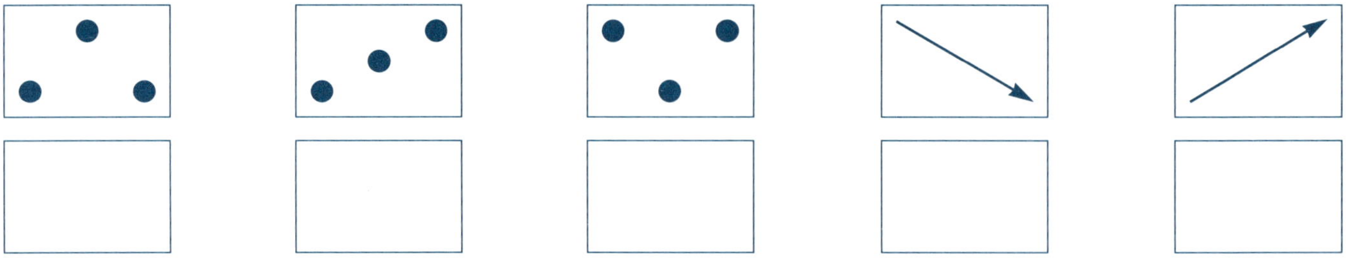

¿Qué instrumento suena? Señálalo con un aspa

xilófono metalófono carillón

Escucha y colorea el cuco escondido entre los árboles de este bosque cada vez que lo escuches

Sonidos de carnaval

Colorea los instrumentos y rodea con una línea los de la misma familia

Dibuja una partitura para cada instrumento

Colorea los sonidos sol en amarillo y los sonidos mi en verde

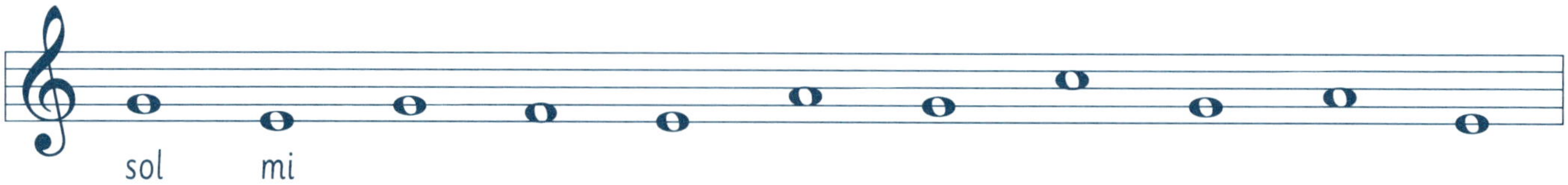

Dibuja las notas en el pentagrama

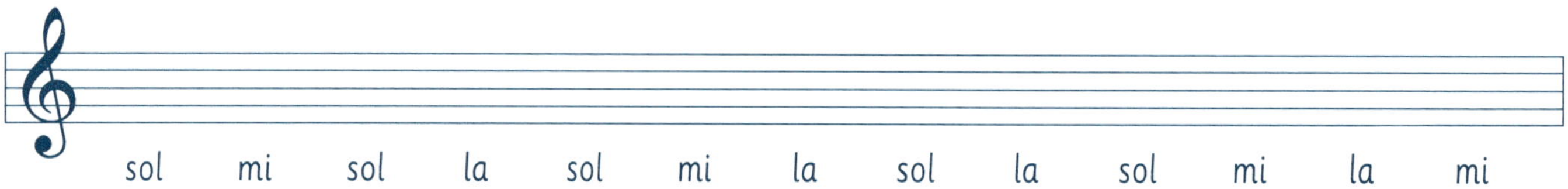

¿Qué personajes te sugiere esta música? Dibuja su rostro y construye la careta

Trabajos de campo y de ciudad

Las palabras de los sonidos

Escribe la onomatopeya de cada animal.

El tranvía Don Julián. Cuento de ciudad

Dibuja la continuación de la historia.

Escribe el nombre del instrumento que se le parece.

Escribe la figura de cada palabra

sol

luna

queso

pan

gol

fútbol

sal

huevo

Separa los compases con líneas divisorias

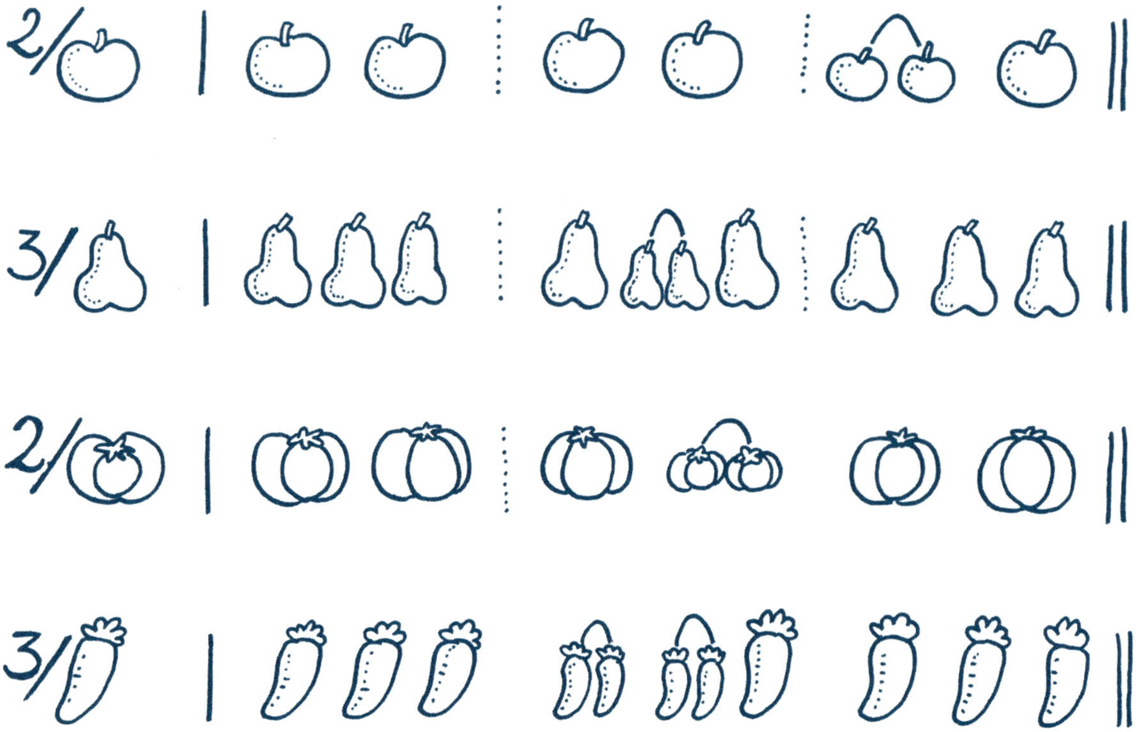

Juego de Las cartas rítmicas

Colorea la que escuches.

Juego de Las cartas melódicas

Escucha y escribe en el pentagrama los sonidos que oigas.

La primavera

Une con una línea cada instrumento con su personaje en el cuento *El gigante egoísta*

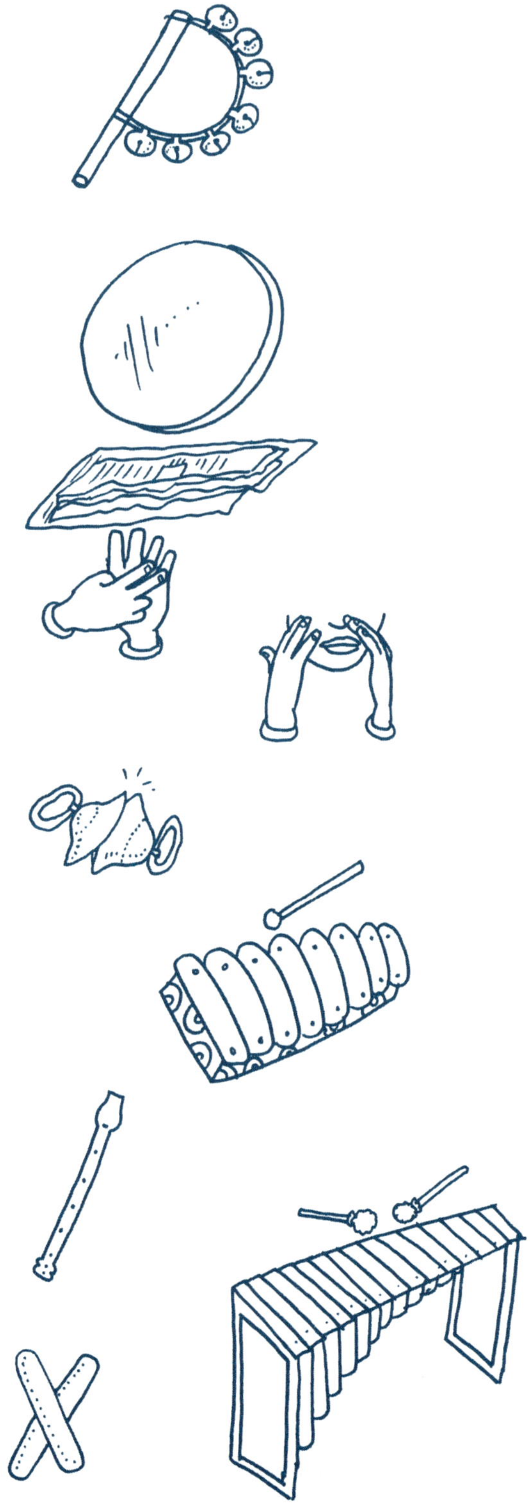

Escucha la música y colorea

Ha llegado la primavera.

Los pajaritos cantan alegres.

Suena el agua
de los arroyos.

La tormenta.

Cesa la tormenta
y disfrutamos de
la primavera.

Juego de Las cartas rítmicas

Copia la que escuches.

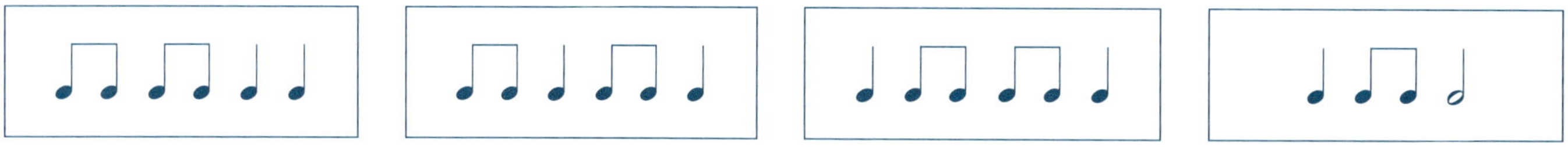

Juego de Las cartas melódicas

Escucha y escribe en el pentagrama los sonidos que oigas.

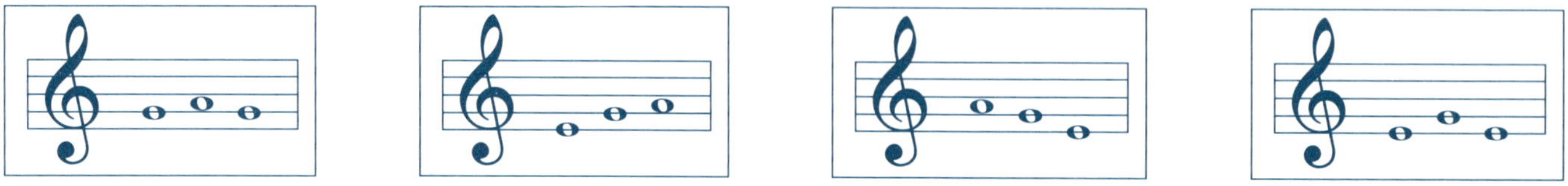

Separa los compases con líneas divisorias.

Recuerda que:

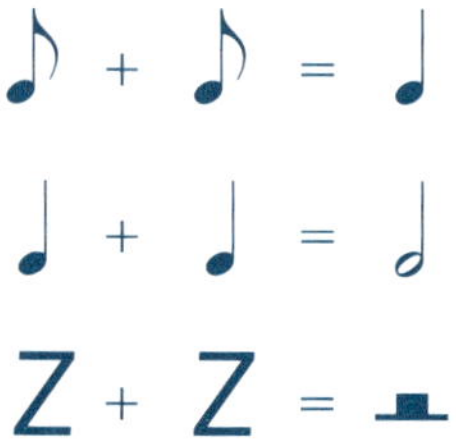

Con los instrumentos

Musicograma de *El quinteto de la trucha*

¿Quién suena cada vez? Baila en el papel con lápices de colores.

Encuentra el nombre del instrumento. Después coloréalo y rodéalo con la línea que le corresponda

violín
piano
gaita
contrabajo
trompeta
clarinete
látigo
castañuelas
bongos

Completa los compases

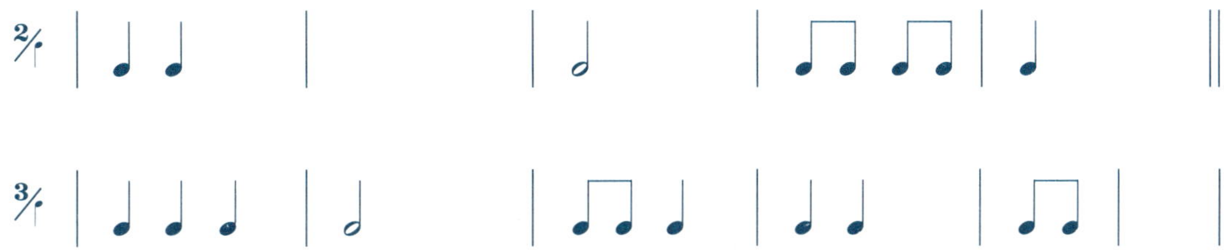

Dibuja las notas

fa la fa mi fa sol fa mi fa sol la sol fa

Completa la canción *Ya lloviendo está*

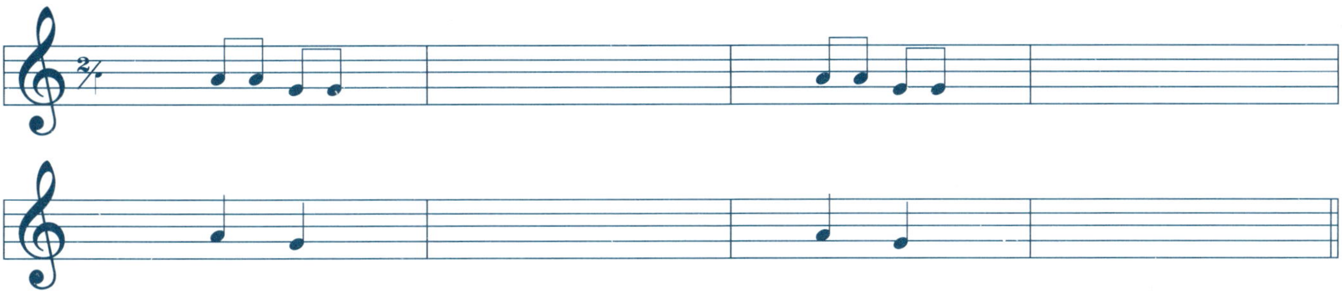

Descubre qué instrumento de viento te dice el Jeroglífico musical

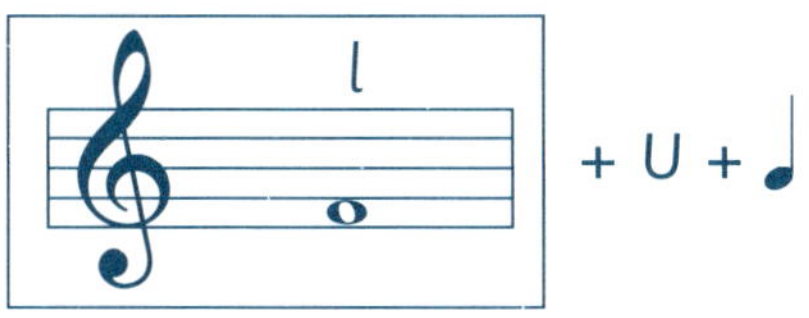

Con los medios de comunicación

Escucha la música y dibuja la escena del cuento *La bella durmiente*. ¿Qué imaginas?

El anuncio publicitario de televisión

Anoto:

Los nombres de los compañeros de mi grupo ....

....

El producto que anunciamos es ....

El eslogan inventado es ....

El grupo que más me ha gustado es el que anunciaba ....

porque ....

¿Qué canciones conoces porque las has oído en la televisión? Escríbelas.

....

....

....

....

Juego de Las cartas rítmicas

Escucha, identifica y copia el ritmo que oigas.

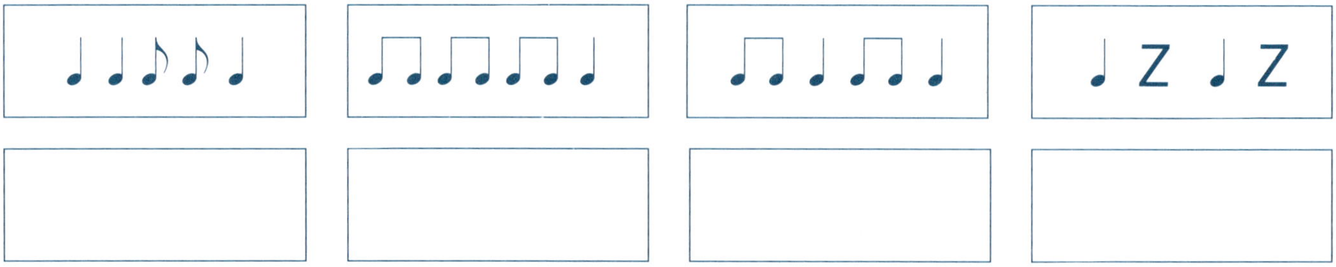

Invéntate las respuestas y escríbelas.

Pregunta Respuesta

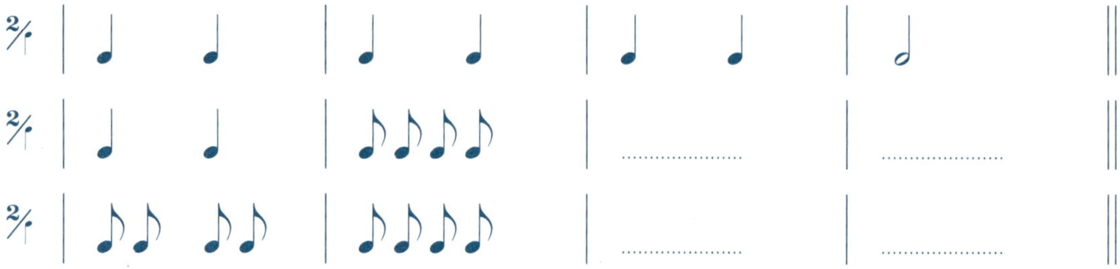

Partitura para música con periódicos

Juego de las cartas melódicas

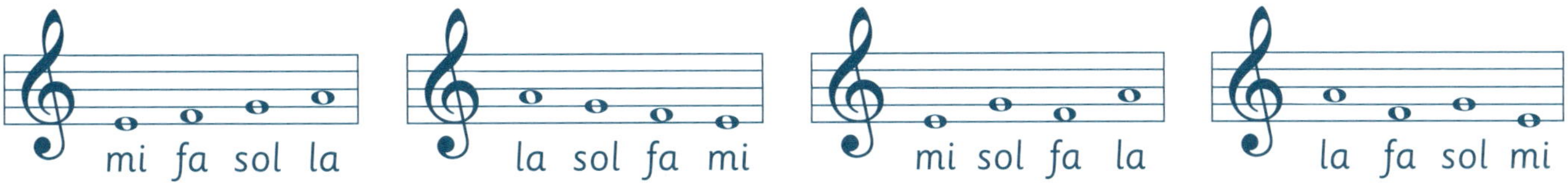

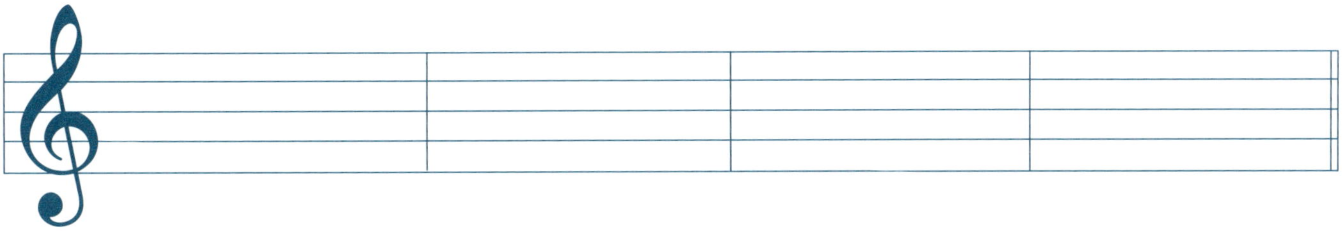

En los viajes y excursiones

Separa los compases con líneas divisorias

Escucha el vals *El Danubio azul* e imagina el viaje del barco por el río

¿Quién compuso esta famosa música? ....

¿Qué imagen no va con esta música? Táchala.

Notas de colores

Colorea do en rojo y re en verde.

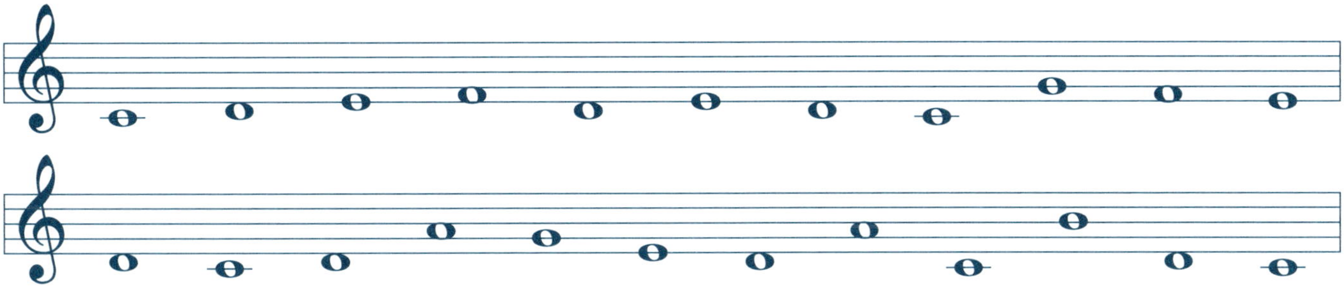

Los nombres de las notas

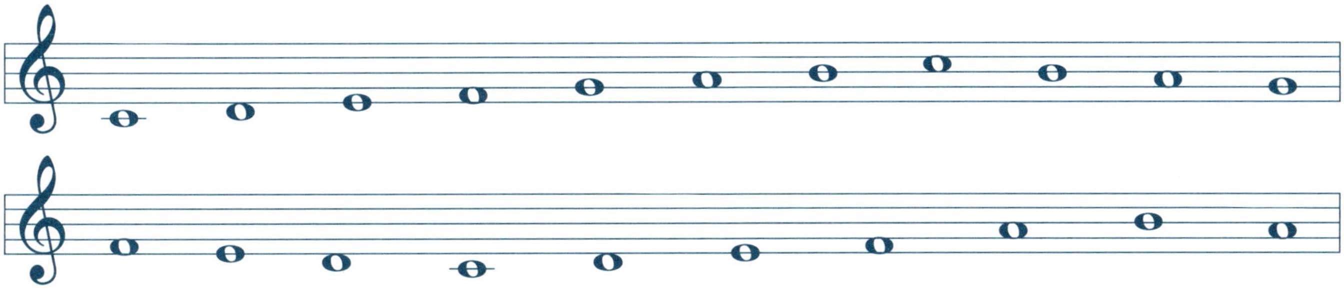

Une con una línea los medios de transporte y los instrumentos musicales, según su intensidad

¿A qué medio de transporte se parece cada uno de estos instrumentos?

En los espectáculos

Dibújate a ti mismo en el espectáculo musical que más te guste

Érase una vez...

Dibuja un espectáculo de títeres.

Dibuja en el pentagrama la nota musical escrita debajo

mi fa sol fa mi re do re mi la sol mi

Escribe debajo de cada nota su nombre

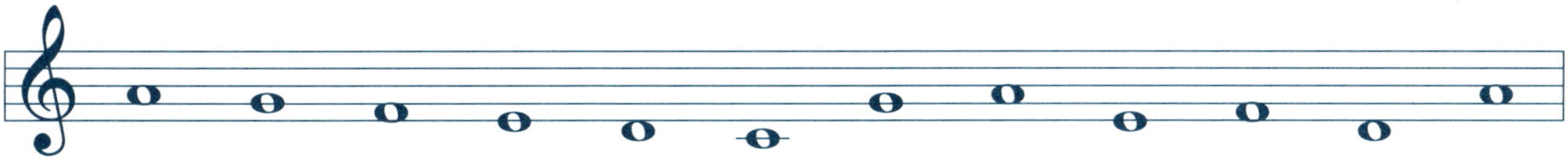

Dibuja en el pentagrama la nota musical y la figura. Escribe las líneas divisorias y la doble barra

LA	SOL	SOL MI	RE MI	FA	SOL LA	SOL FA	MI
blanca	negra	corcheas	corcheas	negra	corcheas	corcheas	blanca

Adivina el nombre del instrumento camuflado y dibújalo

....	....	....	....	....
noapi	ñuslaetacas	petromta	taufla	invilo
	....	....	....	....
	pantarede	veclas	taguirra	lóxifono

Mis favoritos

Instrumento..

Canción..

Danza..

Música..

Dibujo mi clase de música